i

ii

ARTIFICIAL INTELLIGENCE

iv

Artificial Intelligence

A vision For Africa

Jacques Bonjawo   **Dorian Nogneng**

Manifesto for Artificial Intelligence in Africa

Opportunities and Risks

ISBN-13 : 979-8864876633

Graphics By:

Cartele MOFFO, Ocean Innovation Center (ICT Engineer).

www.oicpole.com - contact@oicpole.com

x

In memory of Professor Étienne NOGNENG

To the African Youth, who have so many reasons to find hope again.

xiv

Gratitude:

We would like to express our gratitude to Joseph Bonjawo, Jr., for his careful reading of the manuscript and his valuable feedback, and our collaborator Cartele Moffo for his beautiful graphic design.

Contents

INTRODUCTION:

While I was getting ready for the global summit of former executives and leaders of Microsoft in Seattle, coincidentally, Dorian, my nephew, arrives in Cameroon. It had been a while since I wanted to develop a vision of Artificial Intelligence (AI) in Africa, and it turned out that "AI and its impact on society" was precisely one of the topics of this summit. I intended to take advantage of this opportunity to deepen my knowledge and experience in this field.

That is how Dorian and I began a deep discussion about AI and the challenges it represents for Africa. We quickly realized the magnitude of these challenges. Given Dorian's expertise in AI, it seemed natural for us to consider collaborating on creating a text together.

That is how the project for this book came to life. We decided to design it as a manifesto to make it more concise and easier to read. Drawing from my experience in Digital Transformation and startup creation, I bring quite a bit of expertise to this conversation. Dorian, on the other hand, as an AI expert who has also taught Computer Science at École Polytechnique in Paris, offers a fresh perspective on the issues of AI and its impact on society.

This manifesto is the result of our collaboration, an attempt to shed light on the challenges and opportunities that AI presents for Africa and beyond. We hope that our work will inspire thoughtful conversations and constructive debates on the future of AI and its role in society.

In the final analysis, writing this manifesto is, in a way, discussing the future of our continent by giving a voice to ethical questioning, to our beliefs and to our values.

Enjoy reading!

Chapter 1: AI and the Unique Challenges of Africa

Africa is a continent rich in cultural, economic, and geographic diversity. It faces unique challenges that require innovative solutions. Artificial Intelligence (AI) offers tremendous potential to address these challenges and positively transform African society.

1. Access to AI technologies:

One of the main challenges in Africa is limited access to AI technologies. Digital infrastructure and high-speed internet connections are not evenly distributed across the continent. This creates a digital divide between urban and rural areas, as well as between African countries. In order for AI to benefit everyone, it is essential to develop digital infrastructure and promote equitable access to AI technologies.

2. Education and Training:

Education plays a key role in the adoption and effective use of AI. To fully leverage the potential of AI, it is necessary to train a skilled and competent workforce. This involves strengthening education programs focused on digital skills, machine learning, and AI in African schools and universities. It is also important to develop vocational training programs to enable adults to acquire the necessary skills to work with AI.

3. Languages and Cultural Diversity:

Africa is known for its linguistic and cultural diversity. However, most AI technologies are developed based on Western languages and cultures. This creates challenges for adapting AI to African contexts. It is crucial to develop AI models that take into account the linguistic and cultural diversity of Africa, in order to enable broader and more effective use of AI on the continent.

4. Data and Representativeness:

AI relies on the use of data to train models and make decisions. However, Africa faces challenges in data collection and availability. It is essential to develop initiatives to collect relevant, reliable, and representative data of the African reality. This will ensure that AI models developed for Africa are tailored to the needs and specificities of the continent.

5. Social and Economic Challenges:

AI can contribute to addressing many social and economic challenges that Africa faces, such as access to healthcare, education, natural resource management, and sustainable development. However, it is important to ensure that AI is used ethically and responsibly, taking into account the values and needs of African communities. Close collaboration between governments, businesses, civil society organizations, and local communities is essential to ensure that AI is used inclusively and beneficially for all.

In conclusion, Africa faces unique challenges in the adoption and use of AI. However, with a collaborative and inclusive approach, it is possible to overcome these challenges and fully harness the potential of AI to positively transform African society. By investing in digital infrastructure, education and training, cultural diversity, representative data, and social responsibility, Africa can become a key player in the field of AI and reap its benefits for the sustainable and inclusive development of the continent.

6

Chapter 2: Opportunities of AI in Africa

Artificial intelligence (AI) offers numerous opportunities for the development and growth of Africa. With its capabilities in automation, data analysis, and decision-making, AI can contribute to solving some of the major challenges faced by the continent. Here are some key opportunities of AI in Africa:

1. Improving access to services:

Africa faces challenges in accessing essential services such as healthcare, education, and financial services. AI can help improve this access by enabling accurate remote medical diagnostics, providing personalized education programs, and facilitating access to financial services for the unbanked population.

2. Optimizing resources:

Africa is rich in natural resources, but their efficient and sustainable exploitation is often a challenge. AI can help optimize the use of these resources by enabling more precise agricultural planning, improving water resource management, and aiding in the prevention of natural disasters.

3. Fostering entrepreneurship and innovation:

AI can stimulate entrepreneurship and innovation by providing advanced tools and technologies to develop new ideas and create businesses. AI can also help small and medium-sized enterprises optimize their operations and reach new markets, increasing their competitiveness on the international stage. Additionally, artificial intelligence offers the opportunity to economically solve complex problems, often relying on data accessible through a smartphone. Thus, AI can provide well-trained Africans with the opportunity to compete on the international stage by creating startups, even with limited initial financial investments.

4. Improving infrastructure efficiency:

Africa faces challenges in infrastructure, such as access to electricity and transportation. AI can contribute to improving the efficiency of these infrastructures by enabling more precise management of electricity distribution, optimizing transportation systems, and facilitating smart urban planning. This would improve the quality of life for residents and promote economic development.

5. Transforming economic sectors:

AI can be a driver of transformation for various economic sectors in Africa. For example, in agriculture, AI can help improve agricultural yields, prevent crop diseases, and predict weather conditions, allowing farmers to optimize their practices and increase their income. Similarly, in the finance sector, AI can contribute to fraud detection, risk assessment, and improving banking services.

6. Promoting scientific and technological research:

AI offers opportunities to strengthen scientific and technological research in Africa. It can assist in data analysis, modeling and simulation, drug discovery, and technological innovation. By encouraging collaboration between researchers, universities, and businesses, AI can foster the development of local solutions tailored to the specific needs of the continent.

It is important to mention that in order to fully leverage the opportunities offered by AI, certain challenges need to be addressed, such as the availability of technical skills, digital infrastructure, data protection, and ethical concerns. Governments, businesses, universities, and civil society need to work together to create an ecosystem that supports the responsible adoption and use of AI in Africa.

In conclusion, AI offers significant opportunities for Africa, ranging from improving access to services to transforming economic sectors and promoting scientific research. By seizing these opportunities, Africa can realize its potential and contribute to a prosperous and sustainable future. However, it is essential to ensure that the adoption of AI is done responsibly, taking into account ethical considerations, data protection, and the training of the involved stakeholders. By working together, Africa can become a global leader in AI, using this technology to solve complex problems and improve the lives of its residents. AI is an opportunity for Africa to shape its own destiny and play a key role in the global technological revolution.

Chapter 3: Risks and Challenges of AI in Africa

As we mentioned, artificial intelligence (AI) offers tremendous opportunities for Africa, but it also comes with risks and challenges. In this chapter, we will explore the main challenges that Africa faces in the adoption and use of AI, as well as the potential risks that can arise from this emerging technology.

1. Inequalities and digital divide:

One of the major challenges in Africa is the inequality of access to technology and AI. While some regions benefit from fast internet connectivity and advanced infrastructure, other rural and remote regions are left behind. This creates a digital divide, where some populations have access to economic and educational opportunities through AI, while others are left in the dark. It is essential to bridge this digital divide to ensure that all African citizens can benefit from the advantages of AI.

2. Job losses:

AI has the potential to transform many economic sectors by automating certain tasks and replacing human jobs. This can lead to job losses in industries such as agriculture, manufacturing, and services. Africa, which is already facing challenges of unemployment and underemployment, needs to find solutions to prevent mass unemployment and ensure a smooth transition to an AI-based economy. This requires strategic planning, training and retraining programs, as well as the creation of new AI-related jobs.

3. Ethics and algorithmic bias:

AI is based on algorithms that learn from existing data. However, this data can be biased, which can lead to algorithmic biases. In Africa, this can have detrimental consequences as AI systems could perpetuate existing societal discriminations, such as racism or sexism. It is essential to establish regulatory and monitoring mechanisms to ensure that AI systems are ethical, transparent, and fair. Africa can also play an active role in collecting diverse and representative data to reduce algorithmic biases. Similarly, explainable AI represents a promising approach as it offers the ability to detect and correct discriminatory biases that may be present in AI systems.

4. Data protection and privacy:

AI relies on massive amounts of data to function effectively. This raises concerns about the protection of personal data and user privacy. In Africa, where data protection regulations may be less developed, it is crucial to establish strong legal frameworks to protect individuals' rights. African governments must collaborate with AI stakeholders to implement privacy protection policies and robust security measures.

5. Technological dependence and knowledge transfer:

Africa often faces technological dependence on developed countries. In the field of AI, it is crucial to promote knowledge and skills transfer to enable African countries to develop their own AI capabilities. This can be achieved through international partnerships, training programs, and research support. It is important for Africa not only to be a consumer of AI but also to play an active role in its development and use.

In conclusion, AI presents risks and challenges for Africa, but also enormous opportunities. To maximize the benefits of this technology, it is essential to bridge the digital divide, prevent mass unemployment, address algorithmic bias, ensure the protection of personal data, and promote knowledge and skills transfer.

14

CONCLUSION:

We have highlighted the opportunities of AI that lie in its potential to solve complex problems, stimulate innovation, and promote economic development. AI can help improve public services, strengthen infrastructure, and facilitate access to education and healthcare. It can also contribute to the transformation of traditional industries and create new job opportunities.

However, we have also identified the risks associated with AI in Africa. These risks include job loss, technological dependence, data privacy and security issues, as well as potential biases and discrimination. It is therefore essential to establish appropriate regulations and policies to govern the use of AI, while promoting an ethical and responsible approach.

To maximize the benefits of AI in Africa while minimizing risks, we call for close collaboration between governments, organizations, researchers, businesses, and all other stakeholders in the digital transformation. An inclusive and participatory approach is crucial to ensure that AI in Africa benefits all citizens and does not create new inequalities.

An engineering and business leader, Jacques Bonjawo has held management positions at Microsoft headquarters. He has also worked with numerous world leaders, providing them with his expertise and advice on Digital Transformation.

Furthermore, Bonjawo has founded a series of startups to provide the African youth with opportunities for digital training and IT project development. He has won numerous awards and distinctions throughout his career, including the Turgot Prize, the TIGA Award (UN), and the Contribution to Microsoft History Award.

Dorian Nogneng is a mathematician and a computer engineer who graduated from the Ecole Polytechnique in Paris, where he also did a PhD in Computer Science and Mathematics, and taught Computer Science. He also works in the private sector in the field of research and development.

Through his activities, Nogneng actively contributes to supporting high tech education and solving complex problems with the use Artificial Intelligence.

xx

i

L'INTELLIGENCE ARTIFICIELLE

L'Intelligence Artificielle

Une Vision pour l'Afrique

Jacques Bonjawo   **Dorian Nogneng**

iv

Manifeste pour l'Intelligence Artificielle en Afrique

Opportunités et Risques

vi

ISBN-13 : 979-8865034827

Conception Graphique réalisée par :

Cartele MOFFO, *Ocean Innovation Center (Ingénieur Informaticien).*

www.oicpole.com - contact@oicpole.com

x

À la mémoire du professeur Étienne NOGNENG

À la Jeunesse africaine, qui a tant de raisons de retrouver l'espérance.

Remerciements :

Nous tenons à exprimer notre gratitude à Joseph Bonjawo, Jr., pour sa lecture attentive du manuscrit et ses précieuses remarques, ainsi que notre collaborateur Cartele Moffo pour sa belle conception graphique.

1

INTRODUCTION :

Alors que je me préparais pour le sommet mondial des anciens cadres et dirigeants de Microsoft à Seattle, par bonne chance, Dorian, mon neveu, arrive au Cameroun. Cela faisait en effet un moment que je souhaitais développer une vision de l'Intelligence Artificielle (IA) en Afrique, et il se trouve que « l'IA et son impact sur la société » était précisément l'une des thématiques de ce sommet. J'entendais alors profiter de cette aubaine pour approfondir mes connaissances et mon expérience en ce domaine.

C'est dans ce contexte que Dorian et moi avons entamé une discussion approfondie sur l'IA et les enjeux qu'elle représente pour l'Afrique. Rapidement, nous avons réalisé l'ampleur de ces enjeux. Dorian étant lui-même un expert en IA, envisager de concevoir ensemble un texte nous a paru naturel.

Ainsi est née l'idée de cet ouvrage, conçu sous forme de manifeste pour le rendre plus concis et en faciliter la lecture. Fort de mon expérience dans la Transformation digitale et la création des startups, j'apporte un certain bagage à cette conversation. Dorian, lui, en tant qu'expert de l'IA ayant par ailleurs enseigné l'Informatique à l'École Polytechnique de Paris, offre un regard neuf sur les problématiques de l'IA et ses implications pour la société.

Ce manifeste est le fruit de notre collaboration, une tentative de mettre en lumière les défis et les opportunités que l'IA présente pour l'Afrique et au-delà. Aussi espérons-nous que notre travail suscitera des réflexions et des débats constructifs sur l'avenir de l'IA et son rôle dans la société.

Au demeurant, écrire ce manifeste, c'est d'une certaine manière, parler de l'avenir du continent en donnant une voix au questionnement éthique, à nos convictions et à nos valeurs.

Bonne lecture !

Chapitre 1 : L'IA et les défis uniques de l'Afrique

L'Afrique est un continent riche en diversité culturelle, économique et géographique. Elle est confrontée à des défis uniques qui nécessitent des solutions innovantes. L'intelligence artificielle (IA) offre un potentiel énorme pour répondre à ces défis et transformer positivement la société africaine.

1. L'accès aux technologies de l'IA :

L'un des principaux défis de l'Afrique est l'accès limité aux technologies de l'IA. L'infrastructure numérique et les connexions Internet haut débit ne sont pas également réparties sur tout le continent. Cela crée une fracture numérique entre les zones urbaines et rurales, ainsi qu'entre les pays africains. Pour que l'IA puisse bénéficier à tous, il est essentiel de développer l'infrastructure numérique et de favoriser l'accès équitable aux technologies de l'IA.

2. L'éducation et la formation :

L'éducation joue un rôle clé dans l'adoption et l'utilisation efficace de l'IA. Pour tirer pleinement parti du potentiel de l'IA, il est nécessaire de former une main-d'œuvre qualifiée et compétente. Cela implique de renforcer les programmes d'enseignement axés sur les compétences numériques, l'apprentissage automatique et l'IA dans les écoles et les universités africaines. Il est également important de développer des programmes de formation professionnelle pour permettre aux adultes d'acquérir les compétences nécessaires pour travailler avec l'IA.

3. Les langues et la diversité culturelle :

L'Afrique est connue pour sa diversité linguistique et culturelle. Cependant, la plupart des technologies de l'IA sont développées en se basant sur des langues et des cultures occidentales. Cela crée des défis pour l'adaptation de l'IA aux contextes africains. Il est crucial de développer des modèles d'IA qui prennent en compte la diversité linguistique et culturelle de l'Afrique, afin de permettre une utilisation plus large et plus efficace de l'IA sur le continent.

4. Les données et la représentativité :

L'IA repose sur l'utilisation de données pour entraîner des modèles et prendre des décisions. Cependant, l'Afrique est confrontée à des défis en matière de collecte et de disponibilité des données. Il est essentiel de développer des initiatives visant à collecter des données pertinentes, fiables et représentatives de la réalité africaine. Cela permettra de garantir que les modèles d'IA développés pour l'Afrique sont adaptés aux besoins et aux spécificités du continent.

5. Les défis sociaux et économiques :

L'IA peut contribuer à résoudre de nombreux défis sociaux et économiques auxquels l'Afrique est confrontée, tels que l'accès aux soins de santé, l'éducation, la gestion des ressources naturelles et le développement durable. Cependant, il est important de s'assurer que l'IA est utilisée de manière éthique et responsable, en tenant compte des valeurs et des besoins des communautés africaines. Une collaboration étroite entre les gouvernements, les entreprises, les organisations de la société civile et les communautés locales est essentielle pour garantir que l'IA soit utilisée de manière inclusive et bénéfique pour tous.

En conclusion, l'Afrique fait face à des défis uniques dans l'adoption et l'utilisation de l'IA. Cependant, avec une approche collaborative et inclusive, il est possible de surmonter ces défis et de tirer pleinement parti du potentiel de l'IA pour transformer positivement la société africaine. En investissant dans l'infrastructure numérique, l'éducation et la formation, la diversité culturelle, les données représentatives et la responsabilité sociale, l'Afrique peut devenir un acteur clé dans le domaine de l'IA et bénéficier de ses avantages pour le développement durable et inclusif du continent.

Chapitre 2 : Les opportunités de l'IA en Afrique

L'intelligence artificielle (IA) offre de nombreuses opportunités pour le développement et la croissance de l'Afrique. Grâce à ses capacités d'automatisation, d'analyse de données et de prise de décision, l'IA peut contribuer à résoudre certains des défis majeurs auxquels le continent est confronté. Voici quelques-unes des opportunités clés de l'IA en Afrique :

1. L'amélioration de l'accès aux services :

L'Afrique est confrontée à des défis en matière d'accès aux services essentiels tels que les soins de santé, l'éducation et les services financiers. L'IA peut aider à améliorer cet accès en permettant des diagnostics médicaux précis à distance, en fournissant des programmes d'éducation personnalisés et en facilitant l'accès aux services financiers pour les populations non bancarisées.

2. L'optimisation des ressources :

L'Afrique est riche en ressources naturelles, mais leur exploitation efficace et durable est souvent un défi. L'IA peut aider à optimiser l'utilisation de ces ressources en permettant une planification plus précise de l'agriculture, en améliorant la gestion des ressources en eau et en aidant à la prévention des catastrophes naturelles.

3. Le développement de l'entrepreneuriat et de l'innovation :

L'IA peut stimuler l'entrepreneuriat et l'innovation en fournissant des outils et des technologies avancées pour développer de nouvelles idées et créer des entreprises. L'IA peut également aider les petites et moyennes entreprises à optimiser leurs opérations et à atteindre de nouveaux marchés, en augmentant leur compétitivité sur la scène internationale. De même, l'intelligence artificielle offre la possibilité de résoudre des problèmes complexes de manière économique, en se basant souvent sur des données accessibles grâce à un smartphone. Ainsi, l'IA peut offrir aux Africains bien formés la possibilité de rivaliser sur la scène internationale en créant des startups, même avec des investissements financiers initiaux limités.

4. L'amélioration de l'efficacité des infrastructures :

L'Afrique est confrontée à des défis en matière d'infrastructures, tels que l'accès à l'électricité et les transports. L'IA peut contribuer à améliorer l'efficacité de ces infrastructures en permettant une gestion plus précise de la distribution d'électricité, en optimisant les systèmes de transport et en facilitant la planification urbaine intelligente. Cela permettrait d'améliorer la qualité de vie des habitants et de favoriser le développement économique.

5. La transformation des secteurs économiques :

L'IA peut être un moteur de transformation pour divers secteurs économiques en Afrique. Par exemple, dans l'agriculture, l'IA peut aider à améliorer les rendements agricoles, à prévenir les maladies des cultures et à prédire les conditions météorologiques, ce qui permet aux agriculteurs d'optimiser leurs pratiques et d'augmenter leurs revenus. De même, dans le secteur de la finance, l'IA peut contribuer à la détection de la fraude, à l'évaluation du risque et à l'amélioration des services bancaires.

6. La promotion de la recherche scientifique et technologique :

L'IA offre des opportunités pour renforcer la recherche scientifique et technologique en Afrique. Elle peut aider à l'analyse de données, à la modélisation et à la simulation, à la découverte de nouveaux médicaments et à l'innovation technologique. En encourageant la collaboration entre chercheurs, universités et entreprises, l'IA peut favoriser le développement de solutions locales adaptées aux besoins spécifiques du continent.

Il est important de noter que pour tirer pleinement parti des opportunités offertes par l'IA, il est nécessaire de relever certains défis tels que la disponibilité des compétences techniques, l'infrastructure numérique, la protection des données et les questions éthiques. Les gouvernements, les entreprises, les universités et la société civile doivent travailler ensemble pour créer un écosystème favorable à l'adoption et à l'utilisation responsable de l'IA en Afrique.

En conclusion, l'IA offre des opportunités significatives pour l'Afrique, allant de l'amélioration de l'accès aux services à la transformation des secteurs économiques et à la promotion de la recherche scientifique. En saisissant ces opportunités, l'Afrique peut réaliser son potentiel et contribuer à un avenir prospère et durable. Cependant, il est essentiel de veiller à ce que l'adoption de l'IA se fasse de manière responsable, en prenant en compte les aspects éthiques, la protection des données et la formation des acteurs impliqués. En travaillant ensemble, l'Afrique peut devenir un leader mondial de l'IA, en utilisant cette technologie pour résoudre des problèmes complexes et améliorer la vie de ses habitants. L'IA est une opportunité pour l'Afrique de façonner son propre destin et de jouer un rôle clé dans la révolution technologique mondiale.

Chapitre 3 : Les Risques et Défis de l'IA en Afrique

Nous l'avons dit, l'intelligence artificielle (IA) offre d'énormes opportunités pour l'Afrique, mais elle est également accompagnée de risques et de défis. Dans ce chapitre, nous explorerons les principaux défis auxquels l'Afrique est confrontée dans l'adoption et l'utilisation de l'IA, ainsi que les risques potentiels qui peuvent découler de cette technologie émergente.

1. Inégalités et fracture numérique :

L'un des défis majeurs en Afrique est l'inégalité d'accès à la technologie et à l'IA. Alors que certaines régions bénéficient d'une connectivité Internet rapide et d'une infrastructure de pointe, d'autres régions rurales et éloignées sont laissées pour compte. Cela crée une fracture numérique, où certaines populations ont accès à des opportunités économiques et éducatives grâce à l'IA, tandis que d'autres sont laissées dans l'obscurité. Il est essentiel de combler cette fracture numérique pour garantir que tous les citoyens africains puissent tirer parti des avantages de l'IA.

2. Pertes d'emplois :

L'IA a le potentiel de transformer de nombreux secteurs économiques en automatisant certaines tâches et en remplaçant des emplois humains. Cela peut entraîner des pertes d'emplois dans des industries telles que l'agriculture, la fabrication et les services. L'Afrique, qui est déjà confrontée à des défis de chômage et de sous-emploi, doit trouver des solutions pour prévenir le chômage de masse et garantir une transition en douceur vers une économie basée sur l'IA. Cela nécessite une planification stratégique, des programmes de formation et de reconversion, ainsi que la création de nouveaux emplois liés à l'IA.

3. Ethique et biais algorithmique :

L'IA est basée sur des algorithmes qui apprennent à partir de données existantes. Cependant, ces données peuvent être biaisées, ce qui peut entraîner des biais algorithmiques. En Afrique, cela peut avoir des conséquences néfastes, car les systèmes d'IA pourraient perpétuer des discriminations déjà présentes dans la société, telles que le racisme ou le sexisme. Il est essentiel de mettre en place des mécanismes de réglementation et de surveillance pour garantir que les systèmes d'IA sont éthiques, transparents et justes. L'Afrique peut également jouer un rôle actif dans la collecte de données diversifiées et représentatives pour réduire les biais algorithmiques. De même, l'IA explicable représente une piste prometteuse car elle offre la possibilité de détecter et de corriger les biais discriminatoires qui peuvent être présents dans les systèmes d'IA.

4. Protection des données et vie privée :

L'IA repose sur une quantité massive de données pour fonctionner efficacement. Cela soulève des questions sur la protection des données personnelles et la vie privée des utilisateurs. En Afrique, où les réglementations sur la protection des données peuvent être moins développées, il est crucial de mettre en place des cadres juridiques solides pour protéger les droits des individus. Les gouvernements africains doivent travailler en collaboration avec les acteurs de l'IA pour mettre en place des politiques de protection de la vie privée et des mesures de sécurité robustes.

5. Dépendance technologique et transfert de connaissances :

L'Afrique est souvent confrontée à une dépendance technologique vis-à-vis des pays développés. Dans le domaine de l'IA, il est essentiel de favoriser le transfert de connaissances et de compétences pour permettre aux pays africains de développer leurs propres capacités en matière d'IA. Cela peut se faire par le biais de partenariats internationaux, de programmes de formation et de soutien à la recherche. Il est important que l'Afrique ne soit pas simplement un consommateur d'IA, mais qu'elle joue également un rôle actif dans son développement et son utilisation.

En conclusion, l'IA présente des risques et des défis pour l'Afrique, mais aussi d'énormes opportunités. Pour maximiser les avantages de cette technologie, il est essentiel de combler la fracture numérique, de prévenir le chômage de masse, le biais algorithmique, assurer la protection des données personnelles, et favoriser le transfert des connaissances et des compétences.

15

CONCLUSION :

Nous avons mis en évidence les opportunités de l'IA qui résident dans son potentiel pour résoudre des problèmes complexes, stimuler l'innovation et favoriser le développement économique. L'IA peut aider à améliorer les services publics, à renforcer les infrastructures et à faciliter l'accès à l'éducation et aux soins de santé. Elle peut également contribuer à la transformation des industries traditionnelles et à la création de nouvelles opportunités d'emploi.

Cependant, nous avons également relevé les risques associés à l'IA en Afrique. Ces risques comprennent notamment la perte d'emplois, la dépendance technologique, les problèmes de confidentialité et de sécurité des données, ainsi que les biais et les discriminations potentielles. Il est donc essentiel de mettre en place des réglementations et des politiques appropriées pour encadrer l'utilisation de l'IA, tout en favorisant une approche éthique et responsable.

Pour maximiser les avantages de l'IA en Afrique tout en minimisant les risques, nous appelons à une collaboration étroite entre les gouvernements, les organisations, les chercheurs et les entreprises et tous les autres acteurs de la Transformation digitale. Une approche inclusive et participative est essentielle pour garantir que l'IA en Afrique profite à tous les citoyens et ne crée pas de nouvelles inégalités.

Table des Matières

xvi

xvii

Ingénieur et dirigeant d'entreprise, Jacques Bonjawo a occupé des responsabilités importantes au siège de Microsoft. Il a pratiqué de nombreux dirigeants du monde, leur apportant son expertise et ses conseils en matière de Transformation digitale.

Par ailleurs, Bonjawo a fondé une série de startups pour donner à la jeunesse africaine un espace de création et de développement de projets dans lesquels le Digital occupe une place prépondérante. Il a remporté de nombreux prix et distinctions au cours de sa carrière, dont le Prix Turgot, le Prix TIGA (ONU) et le Prix de Contribution à l'Histoire de Microsoft.

Dorian Nogneng est un ingénieur diplômé de l'Ecole Polytechnique de Paris où il a en plus soutenu une thèse de doctorat en Informatique et mathématiques, et a également enseigné l'Informatique. Il exerce en outre dans le secteur privé dans le domaine de la recherche et développement.

Par ses activités, Nogneng contribue résolument au soutien de la formation technologique et à la résolution des problèmes complexes de notre société, dont l'IA est un élément constitutif.

Made in the USA
Columbia, SC
27 January 2025

52390630R00041